1. Auflage 2019

Rezepte und Text – Güldane Altekrüger
Fotos – Danailama
Gestaltung und Satz – Güldane Altekrüger
Gestaltung Logo – Eva Jaeger-Nilius
www.jaegerschnipsel.de

Quellen für die Nährwerte: www.fettrechner.de
www.ernaehrung.de
Ermittlung der Broteinheiten (BE):
Kohlenhydrate je Zutat in g /12
Keine BE für Zuckerersatzstoffe und Gemüse.
Quelle: www.diabetesde.org

Die Angaben der Nährwerte und Broteinheiten sind ohne Gewähr. Lass dich bei Bedarf von Fachleuten (Ärzten, Diätassistenten) beraten.

ISBN 978-3-9821017-1-2

Dieses Buch wurde in Deutschland gedruckt.

DplusA Verlag
Hohe Liedt 57h
22417 Hamburg
www.DplusA-Verlag.de

Die Wölkchen Bäckerei

Abnehmen mit Brot & Kuchen

Teil 2

Inhaltsverzeichnis

Inhaltsverzeichnis

Inhaltsverzeichnis

Pizza & Co.

Soßen & Aufstriche

Naschen & Knabbern

Vorwort

Liebe Leserin, lieber Leser,

du hältst mein zweites Backbuch in deinen Händen. Und für mich ist das absolut unglaublich! Im November 2018 fand ich mich nämlich noch total wagemutig, als da plötzlich eine Palette mit 1.000 Büchern des ersten Teils vor der Haustür stand. Die würden ja wohl für einige Jahre reichen, dachte ich ...
Es kam ganz anders: Drei Tage später habe ich schon die zweite Auflage in Druck gegeben. Und mein Leben und das meiner Familie war komplett auf den Kopf gestellt!

Und dafür möchte ich dir einfach mal **DANKE** schreiben! Danke für all die tollen Rückmeldungen, für all die herzliche Motivation, für all die liebe Unterstützung. Denn die überwältigende Resonanz ist schuld daran, dass es nun dieses Buch mit dem Titel „Abnehmen mit Brot & Kuchen Teil 2" gibt.

Viele der neuen Rezepte sind durch Wünsche, Ideen und Tipps von euch inspiriert. Natürlich beruhen sie wieder auf vollwertigen, ballaststoff- und proteinreichen Zutaten. Und sie sind einfach nachzubacken.

Du findest Kuchen, Brot und Brötchen aus meiner bewährten Experimentierküche - und dazu Pizza, Pasta, Soßen und Aufstriche. Dabei handelt es sich vor allem um Basis-Rezepte, die dich dazu einladen sollen, selbst zu experimentieren und sie nach deinem Geschmack zu verfeinern.

Was mich sehr überrascht hat, waren die Rückmeldungen von vielen Menschen mit Diabetes: Denn mit meinen Rezepten, so berichteten sie, dürften sie endlich wieder Brot und Kuchen genießen. Für sie habe ich neben den Nährwerten auch die Broteinheiten (BE) angegeben.

Nun wünsche ich dir jede Menge Freude beim Backen, Experimentieren und Genießen ohne Reue!

Herzlichst
Dana

Wie alles anfing...

Zwei Schwangerschaften kurz hintereinander hatten mir nicht nur die wunderbarsten Kinder der Welt beschert, sondern auch ein unerwünschtes Mehr an Gewicht. Beachtliche 25 kg!
Und klar, die mussten weg! Low Carb, Intervallfasten, Kalorienzählen und und und. Diese Diäten funktionierten wunderbar – für mich allerdings nur für ganz kurze Zeit.

Es war der Verzicht, der mir so richtig zusetzte: Ohne mein geliebtes Gebäck, ohne Brot, ohne Kuchen. Welch eine Selbstgeißelung! Abnehmen ohne Verzicht – das musste doch irgendwie zu machen sein!
So entschied ich mich für eine konsequente Ernährungsumstellung. Die fiel mir auch nicht weiter schwer: Weniger Öl beim Kochen, viel Gemüse.
Aber Brot und Kuchen?

Ich stellte mich also in die Küche und experimentierte. Misserfolge landeten diskret im Mülleimer, Erfolge teilte ich im Internet. Ich war mir sicher, dass es nicht Wenigen genauso ging wie mir.
Und so war es auch: Ich erhielt wahnsinnig viel positive Resonanz auf meine Postings, immer mehr Menschen folgten mir in den sozialen Netzwerken.

Mit der Zeit, nach etlichen online geteilten Rezepten, wurde der Appell immer lauter: „Dana, ein Backbuch mit all deinen Rezepten, das wär's!"
Ja, warum eigentlich nicht? Dachte ich mir. Und nahm das Projekt komplett selbst in die Hand. Da ich gerade eine Weiterbildung machte und auch nicht meine Familie vernachlässigen wollte, schlug ich mir die Nächte um die Ohren: Rezepte zusammenschreiben, Fotos schießen – und das alles irgendwie in Buchform bringen. Von Grafik und Satz hatte ich gar keine Ahnung. Also lud ich mir einfach ein Grafikprogramm herunter und machte alles frei Schnauze. Auch wenn es mich viele Nerven kostete: Ich hatte großen Spaß. Und ganz kleine Erwartungen.

Wie alles anfing...

Und dann war es soweit: Montag, 12.11.2018, der Tag der Veröffentlichung meines eigenen Buches: *Abnehmen mit Brot & Kuchen*.
Dieser magische Montag änderte alles: Noch am ersten Tag wurde dem Buch der Bestseller-Button von einem großen Online-Verkäufer verliehen.
„Wahnsinn!" war mein erster Gedanke. „So viele Bestellungen, hoffentlich gefällt ihnen das Buch!" Schließlich hatte ich es ohne Fachkenntnisse laienhaft selbst zusammengeschustert.

Und der zweite Gedanke kam dann mit voller Wucht: „Und wie sollen wir das jetzt alles versenden?"
Es waren Hunderte Bücher pro Tag über Wochen; vorbereitet und verpackt am Esstisch und im Wohnzimmer bis in die frühen Morgenstunden. Schließlich ließ ich sogar meine Eltern aus der Türkei einfliegen, um mit anzupacken.

Und es kamen erste Presse-Anrufe, Tageszeitungen berichteten über die „Hausfrau und Mutter", die mit einem Backbuch im Eigenverlag die Bestsellerlisten sprengte. Titelseiten, TV-Auftritte, Radio-Interviews ...

Es war und ist wie in einem Film.

Mein Mann und ich haben inzwischen einen eigenen Verlag gegründet. Aber auch wenn sich so viel geändert hat, ist irgendwie doch alles beim Alten geblieben: Ich sitze hier nämlich wieder am Esstisch und habe gerade die letzten Rezepte eingefügt. Wieder genauso wie beim ersten Buch: Alles laienhaft selbst zusammengeschustert - mit großem Spaß. Und einfach verbunden mit der Hoffnung, dass es den Leserinnen und Lesern gefällt!

Backtipps

Halte dich an die Mengenangaben
Ich habe die Rezepte mehrmals gebacken, um das optimale Verhältnis der Zutaten zu ermitteln. Wenn du dich an die angegebenen Mengen hältst, kann eigentlich nichts schiefgehen.

Heize vor
Um ein gutes Ergebnis zu bekommen, solltest du den Backofen unbedingt auf die gewünschte Temperatur vorheizen. Ansonsten kann das Gebäck nicht aufgehen oder es bildet sich keine Kruste.

Beachte die Aufquellzeiten
Ich backe viel mit Kleie und die braucht etwas länger, um die Flüssigkeit zu binden. Das ist für die Konsistenz sehr wichtig.

Achte auf den Umgang mit dem Backpulver
Teig mit Backpulver, der zu lange wartet oder zu oft gerührt wird, kann die Eigenschaft des Aufgehens verlieren. Auch ist es möglich, dass der frühe Kontakt von Backpulver mit den feuchten Zutaten (z. B. Quark und Eiern) das Backergebnis verändert. Ich habe die Reihenfolge bei den Rezepten berücksichtigt. Wenn du sicher gehen möchtest, vermenge zunächst die trockenen Zutaten, bevor du sie weiterverarbeitest.

Kleide die Backform aus
Da meine Teige meist sehr klebrig sind, empfehle ich, die Form komplett – also auch den Rand – auszukleiden. So hat man nebenbei das Fett zum Einfetten gespart und auch die Form ist hinterher leicht zu reinigen.

Lass das Gebäck auskühlen
Einige Gebäcke erreichen ihre beste Konsistenz erst nach dem vollständigen Auskühlen.

Backtipps

Beachte die individuelle Backzeit

Jeder Ofen ist anders und meine Backzeiten passen zu meinem Ofen. Schau nach, ob dein Gebäck goldgelb und/oder von innen auch schön durchgebacken ist. Für Kuchen empfehle ich dir den Zahnstochertest: Stecke vor dem Herausholen des Kuchens einen Zahnstocher in die Mitte des Kuchens. Bleibt noch Teig daran kleben, muss er weiter backen; wenn nicht, ist der Kuchen fertig.

Benutze einen Rührspachtel

Die meisten Brötchen- und Brotteige sind bei der Herstellung sehr klebrig. Du vermengst sie am besten mit einem Rührspachtel. So bleibt der Teig nicht an der Hand kleben und du hast keinen Teigverlust.

Benutze Eier der Größe M

Ich habe bei meinen Rezepten stets Eier der Größe M genommen, um immer das gleiche Ergebnis zu bekommen. Da meine Rezepte teilweise sehr geringe Mehlmengen enthalten, können Eier anderer Größe das Backergebnis beeinflussen.

Flohsamenschalen statt Flohsamen

Bitte verwechsle bei den Rezepten Flohsamenschalen nicht mit Flohsamen. Nur die Schalen haben die Eigenschaft, den Teig gut zu binden.

Haferkleie fein mahlen

Haferkleie gibt es im Handel in verschiedenen Mahlgraden. Nur wenige sind wirklich fein gemahlen, auch wenn sie so heißen. Um bessere Ergebnisse zu erzielen, empfehle ich, die Kleie zu Hause zu mahlen (Zerkleinerer, Kaffeemühle) oder sie direkt bei einer Mühle zu bestellen.

Antworten auf Fragen

Kann ich Haferkleie durch Weizenkleie ersetzen?
Nein, denn beide unterscheiden sich in Gewicht, Geschmack und Volumen. Du kannst aber Haferkleie durch Dinkelvollkornmehl und Weizenkleie durch Dinkelkleie 1:1 ersetzen.

Wo kann ich die Zutaten kaufen?
Alle Zutaten findest du in Drogeriemärkten, großen Supermärkten und Reformhäusern.

Kann ich Backpulver durch Hefe ersetzen?
Nein. Hefe braucht nämlich zum Aufgehen sehr viel „Klebereiweiß", was aber in den Zutaten meiner Rezepte oft Mangelware ist, weil ich mit Kleie und mit wenig Mehl backe. Auf Wunsch vieler Leser habe ich aber für dieses Buch einige Rezepte mit Hefe kreiert.

Kann ich auch normalen Quark nehmen?
Nein. Die Rezepte sind auf Magerquark ausgerichtet. Der unterschiedliche Fettanteil kann das Ergebnis beeinflussen.

Funktionieren die Rezepte auch mit glutenfreien Alternativen?
Meine Rezepte kannst du auch wunderbar mit glutenfreien Mehlsorten wie Buchweizen-, Mais- oder Kichererbsenmehl backen.

Ist auch für Veganer etwas dabei?
Ja! Du kannst Molkereiprodukte durch pflanzliche Alternativen im gleichen Verhältnis ersetzen. Ein Ei ersetzt du z.B. durch Sojamehl (1 EL Sojamehl mit 2 EL Wasser mischen).

Magerquark ist 1:1 durch Skyr ersetzbar.

Welche Vanilleart kann ich verwenden?
Ob Mark, Paste oder Aroma: Das überlasse ich dir. Entscheide selbst, wie viel du davon nimmst.

Utensilien

Große und kleine Schüssel
Schneebesen
Rührspachtel
Küchenwaage
Pinsel
Pürierstab
Handrührgerät
Winkelpalette
18er und 26er Springform
20er und 25er Kastenform
30 x 40 cm Backblech
Muffinform
Silikonform für Brötchen
Esslöffel
Teelöffel

Zutatenkunde

Haferkleie:
Vom Pferdefutter zum Superfood. Zugegeben: Haferkleie ist wirklich kein Begriff, der sexy klingt - und doch haben wir es hier mit einem wahren Superfood zu tun! Die Kleie besteht aus der dünnen Haut um den inneren Mehlkörper, den äußeren Randschichten und dem Keimling des Haferkorns. Und diese Kornhülse wurde früher an Pferde verfüttert oder als Matratzenfüllung genutzt. Dabei sticht Haferkleie selbst die altbewährten Haferflocken aus: Neben einem höheren Eiweißanteil und mehr Vitaminen hat Haferkleie mit 8,1 Prozent löslicher Ballaststoffe doppelt soviel wie die Flocken. Lösliche Ballaststoffe sind Quellstoffe, die große Mengen Wasser binden können, im Gegensatz zu unlöslichen Ballaststoffen, z. B. Pflanzenfasern, die nicht vom Körper verdaut werden. Dieses Beta-Glucan im Hafer senkt erhöhte Cholesterinwerte und sorgt für einen geringeren Anstieg des Blutzuckerspiegels.
Für meine Rezepte nutze ich fein gemahlene Haferkleie. Falls gerade nur gröbere Haferkleie zur Hand ist, sollte sie unbedingt - z. B. mit einem Zerkleinerer - feiner gemahlen werden.

Weizenkleie:
Auch die Weizenkleie besteht aus der Hülle des Korns. Insgesamt hat Weizenkleie zwar einen viel höheren Anteil an Ballaststoffen, aber einen geringeren Anteil an löslichen Ballaststoffen. Das Mehr an unlöslichen Ballaststoffen sorgt wiederum für positive Verdauungseffekte.
Übrigens sollten Weizenkleie und Haferkleie auf keinen Fall vertauscht werden, da sie sich in Volumen, Bindekraft und Geschmack merklich unterscheiden.

Mehlsorten/Typennummern/Vollkorn:
Meine Rezepte funktionieren in der Regel mit allen eigenbackfähigen Mehlsorten, sogenannten Brotmehlen; das sind Weizen, Roggen und Dinkel. Es gibt die jeweiligen Mehlsorten als „Teilauszugsmehl“ (das ist das Mehl mit Typennummer) und als Vollkornmehl (das ohne Typennummer auskommt). Auch wenn es ab und zu behauptet wird: Die Typennummer gibt nicht die Feinheit des Mehls an! Vielmehr handelt es sich um den Aschegehalt (in mg) des Mehls bezogen auf 100 g Mehl.

Zutatenkunde

Asche im Mehl? Genau, man verbrennt nämlich 100 g Mehl, um den Mineralstoffgehalt zu ermitteln. Hat das Mehl beispielsweise die Typenbezeichnung 630, so sind in 100 g Mehl 630 mg Mineralstoffe. Das bedeutet: Je höher die Typennummer, desto mehr Schalenbestandteile finden sich im Mehl – und somit mehr Nährstoffe. Und desto dunkler ist das Mehl. So kommt auch die Bezeichnung „Teilauszugsmehl" zustande: Es enthält nur „Teilauszüge" des Getreidekorns.
Andererseits lassen sich Mehle mit niedrigeren Typnummern leichter verarbeiten und führen zu luftigeren Gebäckstücken.
Vollkornmehl bekommt übrigens keine Typennummer, denn der Mineralstoffgehalt im Korn ist natürlichen Schwankungen unterworfen. Es ist die gesündeste Variante, erfordert jedoch etwas mehr Zeit zum Aufgehen und etwas mehr Flüssigkeit im Teig.

Flohsamenschalen:
Bei Flohsamen handelt es sich um die Samen des Strauchwegerichs, der vor allem in Indien und Pakistan angebaut wird. Wenn diese Heilpflanze reif ist, dann hüpfen die Samen regelrecht aus den Fruchtkapseln – wie Flöhe. Daher der Name: Flohsamen.
Ich nutze in meinen Rezepten die Flohsamen*schalen*, die sich noch einmal von den auch erhältlichen Flohsamen unterscheiden. Flohsamenschalen sind in der Lage, das 50fache an Wasser zu binden. Diese Bindefähigkeit ist großartig für die Struktur des Teigs.
Gleichzeitig haben sie nur sehr wenige Kalorien, einen geringen Fettanteil und sehr gut bekömmliche pflanzliche Ballaststoffe. Das führt dazu, dass Flohsamenschalen nicht nur optimal beim Abnehmen sind, sondern auch eine Allzweckwaffe gegen Darmbeschwerden. Sowohl bei Verstopfung als auch bei Durchfall helfen sie zuverlässig.

Zutatenkunde

Leinsamen, geschrotet:

Noch ein Superfood mit unspektakulärem Namen: Leinsamen! Flachs, wie der gemeine Lein auch genannt wird, ist eine uralte Nutzpflanze. Bereits vor mehr als 8.000 Jahren wurde Lein vom Menschen genutzt, wie Funde zwischen Griechenland und dem Iran belegen. Und in Leinsamen stecken wahre Superkräfte: Der Fettanteil von ca. 35 % hat eine hohe Konzentration mehrfach ungesättigter Omega-3-Fettsäuren. Das ist ein höherer Wert als in jeder anderen Pflanze, da kann auch kein Fisch mithalten! Außerdem enthält er Ballaststoffe, Eiweiß, Lecithin und viele Vitamine.

Ich verwende die geschroteten Leinsamen, da sie nicht extra eingeweicht werden müssen und die wertvollen Inhaltsstoffe sofort verfügbar sind.

Und diese Inhaltsstoffe wirken vielfältig positiv bei Verstopfungen, bei Reizungen und Entzündungen im Darm, aber auch bei Herz-Kreislauf-Erkrankungen, Diabetes und verschiedenen Entzündungen.

Magerquark:

Wenig Kalorien, viel Kalzium und eine wahre Proteinbombe: Magerquark - ein Diät-Klassiker. Er ist eine Frischkäse-Art, also ein Milchprodukt. Wie der Name schon verrät: Bei Magerquark handelt es sich um Quark mit niedrigster Fettstufe: 0,2 bis 0,4 g Fett pro 100 g. Er hat nur wenige Kalorien (ca. 70 kcal auf 100 g) und bis zu 14 g Eiweiß. Und das sorgt für ein längeres Sättigungsgefühl, eine Stabilisierung des Blutzuckerspiegels und natürlich für den Muskelaufbau. Zusätzlich versorgt uns der Magerquark mit zahlreichen Nährstoffen und wertvollen Milchsäurebakterien. Die können mit ihren probiotischen Eigenschaften für eine gesunde Darmflora sorgen. Ein optimaler Diät-Begleiter.

Zutatenkunde

Skyr:
Der Joghurt der Wikinger: Das traditionelle isländische Milchprodukt erobert die Welt. Tatsächlich handelt es sich bei Skyr um eine magere Frischkäse-Zubereitung. Früher wurde er auch aus Schafsmilch gewonnen, heute vor allem aus entrahmter Kuhmilch, so dass er einen Fettgehalt von nur 0,2 bis 0,5 Prozent aufweist. Gleichzeitig liefert er mit bis zu 12 Prozent Eiweißgehalt zwar nicht ganz so viel Protein wie Magerquark, dafür überzeugt er mit mehr Kalzium und ebenfalls wenigen Kalorien: ca. 65 kcal auf 100 g. Skyr lässt sich wie Magerquark verarbeiten. Allerdings wirkt sich sein leicht säuerlicher Geschmack auch auf das Backwerk aus.

Guarkernmehl:
Die Guarbohne ist, wie es der Name schon verrät, eine Hülsenfrucht. Sie wird vor allem in Indien und Pakistan angebaut. Das Guarkernmehl, um das es hier geht, wird aus dem Samenkern gewonnen, nachdem Schale und Keimling vom Samen getrennt wurden. Das Guargummi, wie das Guarkernmehl auch genannt wird, wird als Verdickungs- oder Geliermittel verwendet. Im Gegensatz zu anderen gängigen Geliermitteln ist es in der Lage, ein Vielfaches an Wasser zu binden. Und es ist trotz seiner E-Nummer (E 412) ein natürliches Verdickungsmittel.
Guarkernmehl kann sich positiv auf den Blutzuckerspiegel und den Cholesterinwert auswirken, die Verdauung unterstützen und dank der vielen Ballaststoffe beim Abnehmen helfen.

Süßen

„Wie süße ich richtig?“
Das ist eine Frage, die mich sehr lange beschäftigt hat, ohne dass ich auf eine allgemeingültige Antwort gestoßen bin. Denn beim Thema „Süße“ gibt es kein Richtig oder Falsch, keinen berühmten Goldenen Weg. Es geht um den eigenen individuellen Geschmack, um Vorlieben, um Überzeugungen - und nicht zuletzt um den Preis.
Und so hatte ich mich bei meinem ersten Buch noch dazu entschieden, es jedem selbst zu überlassen, welche Süße und wieviel davon genommen wird.

Aus „Süße nach Belieben“ wird „Süße für xx Gramm Zucker“
Nachdem ich in der Zwischenzeit ganz viele Rückmeldungen und Rückfragen zu diesem Thema bekam, habe ich mich dazu entschlossen, in diesem Buch unverbindliche Richtwerte anzugeben.
Du suchst dir also deine favorisierte Süße selbst aus. Auf der Verpackung kannst du nachlesen, welche Menge des jeweiligen Zuckerersatzstoffes du benötigst, um die Süße von 100 g Zucker zu erreichen.
Findest du also in einem Rezept die Angabe „Süße für 80 g Zucker“, kannst du jetzt ganz leicht ausrechnen, wie viel Süße du von deinem Favoriten benötigst.

Einige gängige Arten von Zuckerersatz habe ich hier aufgeführt:

Stevia
Der Pflanzenextrakt aus Stevia, auch Honigkraut genannt, wurde in der EU erst 2011 als Süßungsmittel zugelassen.
Während Stevia bis zu 300 Mal süßer ist als herkömmlicher Zucker, ist es trotzdem fast kalorienfrei. Und es wirkt sich kaum auf den Blutzuckerspiegel aus. Daher erfreut sich Stevia vor allem bei Diabetikern hoher Beliebtheit.
Vorsicht aber bei der Dosierung: Reiner Steviosid-Extrakt süßt extrem stark: Überdosierung kann zu einem bitteren, lakritzartigen Geschmack führen.

Süßen

Es gibt verschiedene Stevia-Erzeugnisse, die sich vor allem durch ihren Süße-Grad unterscheiden.
So entsprechen z. B.

- 65 g Stevia-Granulat ~ 100 g Zucker
- 0,3 g Steviosid-Pulver ~ 100 g Zucker

Erythrit
Erythrit ist ein Zuckerersatzstoff, der biochemisch aus Stärke gewonnen wird. In der Natur kommt er z. B. in Pilzen, Käse, Erdbeeren und Pflaumen oder Pistazien vor.
Er ist ein Zuckeralkohol, ist nahezu kalorienfrei, hat allerdings nur 50 bis 70 % der Süßkraft von raffiniertem Zucker.
Laut klinischen Studien ist Erythrit besser verträglich als andere Zuckerersatzstoffe.

In der Regel entsprechen 120 bis 140 g Erythrit ~ 100 g Zucker.

Xylit
Xylit ist auch als Birkenzucker bekannt. Die heutige industrielle Herstellung beruht auf Xylanen. Das ist wiederum Holzgummi, das aus Birkenholz, anderen Harthölzern oder landwirtschaftlichen Reststoffen wie Maiskolbenresten, Stroh und Getreidekleien gewonnen wird.
Xylit ist einfach zu dosieren, denn es hat ca. 98 % der Süßkraft von Zucker. Allerdings ist es nicht kalorienfrei. Mit ca. 280 kcal auf 100 Gramm hat Xylit aber immer noch 30 % weniger Kalorien als herkömmlicher Zucker.

In der Regel entsprechen 100 g Xylit ~ 100 g Zucker.

Süßen

Streusüße / Flüssigsüße
Die gängigen Arten von Streu- und Flüssigsüße bestehen aus 90 % Cyclamat und 10 % Saccharin. Beides sind synthetische Süßstoffe. Cyclamat ist ca. 35 Mal süßer als Zucker und Saccharin 300 bis 700 Mal süßer.

In der Regel entsprechen 16 g dieser Streu-/Flüssigsüße ~ 100 g Zucker.

Selbstverständlich gibt es noch weitere unzählige natürliche Süßungsarten wie Kokosblütenzucker, Honig, verschiedene Sirup-Arten oder Trockenobst. Allerdings ist ihr Kaloriengehalt ähnlich dem von Zucker.

Meine Empfehlung
Mir ist bewusst, dass besonders synthetisch hergestellte Zuckerersatzstoffe sehr umstritten sind, besonders was ihren Einfluss auf die Gesundheit betrifft. Das führt immer wieder zu hitzigen Diskussionen. Daran möchte ich mich nicht beteiligen. Vielmehr appelliere ich an die Vernunft eines jeden, Vor- und Nachteile der unterschiedlichen Süßungsarten für sich selbst abzuwägen. Deshalb kann und mag ich auch keine bestimmte Süße empfehlen.

Nährwertangaben in diesem Buch
Unterschiedliche Süßungsmittel haben unterschiedliche Nährwerte. Daher habe ich sie bei der Ermittlung der Rezept-Nährwerte nicht berücksichtigt. Du müsstest also selbst die jeweilige Menge an Kalorien und Kohlenhydraten deiner Lieblingssüße hinzurechnen.

Brötchen

Scones

Für etwa
12 Stück

Auf 200° O/U-Hitze	den Ofen vorheizen.
1 Ei *50 ml Milch 1,5% Fett* *120 g Magerquark*	in einer Schüssel cremig rühren.
200 g Dinkelmehl Typ 1050 *50 g fein gemahlene Haferkleie* *Süße für 20 g Zucker* *1 Prise Salz* *1 Pkg. Backpulver*	dazugeben und mit der Hand oder dem Rührspachtel zu einem glatten Teig formen.
Etwas Mehl	auf die Arbeitsfläche geben und den Teig etwa 2 cm dick mit einem Nudelholz ausrollen. Mit einer/einem
Form/Glas mit ca. 7 cm ∅	insgesamt 10 – 12 runde Scones ausstechen und auf einem mit Backpapier ausgelegten Backblech verteilen.
1 Eigelb	verquirlen und die Scones damit bestreichen. Auf mittlerer Schiene
etwa 25 Minuten	backen.

Ein Stück (1/12): Kcal: 91 | Fett: 1g | Kohlenhydrate: 14g | Ballaststoffe: 1g | Eiweiß: 5g | BE: 1

Besserbrötchen

Für etwa 8 Brötchen

Auf 180° O/U-Hitze	den Ofen vorheizen.
50 g Weizenkleie	
50 g Haferkleie	
30 g Chiasamen	
20 g geschrotete Leinsamen	
200 ml Wasser	in eine Schüssel geben und gut verrühren.
10 Minuten	aufquellen lassen.
180 g Magerquark	
1 Ei	
1 TL Salz	
30 g Flohsamenschalen	
40 ml Wasser	dazugeben und zügig und gut vermengen. Erneut
10 Minuten	aufquellen lassen.
	Ein Backblech mit Backpapier auslegen und
1 EL Haferkleie	und
2 EL Weizenkleie	darauf streuen. Aus dem Teig mit nassen Händen 7 - 8 Brötchen formen, in der Kleie wälzen und mit einem Messer anschneiden.
	Auf der mittleren Schiene
etwa 45 Minuten	backen.
	Auf einem Rost vollständig auskühlen lassen.

Besserbrötchen werden wegen der Flohsamenschalen und der fehlenden Mehlmenge innen etwas feucht. Sie sind wahre Ballaststoffbomben! Nach dem Verzehr unbedingt viel Wasser trinken.

Ein Stück (1/8): Kcal: 97 | Fett: 4g | Kohlenhydrate: 6g | Ballaststoffe: 8g | Eiweiß: 7g | BE: 1

Käsebrötchen

Für
6 Brötchen

Auf 180° O/U-Hitze	den Ofen vorheizen.
220 g Magerquark	mit
1 Ei	cremig rühren.
160 g Dinkelmehl Typ 630	
1 Pkg. Backpulver	
1 gestr. TL Salz	dazugeben und mit einem Rührspachtel gut vermengen.
	Mit nassen Händen 6 Brötchen formen und sie auf ein mit Backpapier ausgelegtes Backblech legen.
30 g Reibekäse max. 15% F.i.Tr.	auf die Brötchen streuen und sie auf mittlerer Stufe
etwa 30 Minuten	backen.
Mindestens 15 Minuten	abkühlen lassen.

Ein Stück (1/6): Kcal: 147 | Fett: 2g | Kohlenhydrate: 20g | Ballaststoffe: 1g | Eiweiß: 11g | BE: 2

Quickies

Für
3 Brötchen

50 g Magerquark
1 Ei
20 g Roggenvollkornmehl
35 g Dinkelmehl Typ 630
½ TL Salz
1 TL Backpulver in einer Schüssel vermengen.

Eine beschichtete Pfanne auf der Herdplatte mit
⅔ der maximalen Hitze (Stufe 2 bei max. 3 / Stufe 4 bei max. 6 etc.) erwärmen.

Den Teig mit einem Löffel in 2 - 3 Häufchen in die Pfanne geben und zugedeckt
5 Minuten backen.

Den Deckel entfernen und mit einem Pfannenwender die Brötchen wenden. Wieder den Deckel schließen und
weitere 5 Minuten backen.

Tipp:
Nach dem Wenden den Deckel immer wieder öffnen und schließen, damit der Dampf entweichen kann.

Ein Stück (1/3): Kcal: 105 | Fett: 2g | Kohlenhydrate: 13g | Ballaststoffe: 1g | Eiweiß: 7g | BE: 1

Laugenbrötchen

Für
6 Brötchen

100 ml Wasser	
½ Würfel frische Hefe	
1 Prise Zucker	in einer Schüssel verrühren.
150 g Magerquark	
170 g Dinkelmehl Typ 1050	
50 g Haferkleie	
1 gestr. TL Salz	dazugeben und zu einem geschmeidigen Teig kneten.
2 Stunden	bei Zimmertemperatur ruhen lassen.
	Den Teig erneut kurz kneten und zu 6 Bällchen formen.
1 Liter Wasser	mit
50 g Natron	in einem Topf aufkochen. Dann auf mittlerer Hitze köcheln lassen.
	Die Bällchen einzeln in das köchelnde Laugenwasser geben und
jeweils 1 Minute	im Wasser köcheln lassen, einmal zwischendurch wenden.
	Mit einem Sieb herausnehmen und auf ein mit Backpapier ausgelegtes Backblech legen, leicht an der Oberfläche einschneiden. Mit
etwas grobem Salz	bestreuen.
	Die Brötchen auf dem Blech
20 Minuten	ruhen lassen. In der Zeit den Ofen auf
220° O/U-Hitze	vorheizen und die Brötchen dann auf mittlerer Schiene
etwa 25 Minuten	backen.

Tipp: Wer sie einfrieren möchte, sollte sie ohne Salz backen.

Ein Stück (1/6): Kcal: 144 | Fett: 1g | Kohlenhydrate: 24g | Ballaststoffe: 2g | Eiweiß: 9g | BE: 2

Für
6 Brötchen

Dinkel-Hefe-Brötchen

120 ml Wasser	
½ Würfel frische Hefe	
1 Prise Zucker	
50 g Dinkelmehl Typ 630	in einer Schüssel gut verrühren.
	Nach 5 Minuten
75 g Dinkelmehl Typ 630	
75 g Dinkelvollkornmehl	
200 g Magerquark	
1 TL Salz	dazugeben und mit einem Knethaken zu einem geschmeidigen Teig kneten (der Teig ist etwas klebrig). Die Schüssel abdecken und mindestens
1 Stunde	aber nicht länger als 12 Stunden bei Zimmertemperatur ruhen lassen. Den Teig mit der Hand erneut kneten.
Etwas Mehl	auf der Arbeitsfläche verteilen. Den Teig auf die Arbeitsfläche geben und in 6 gleich große Teile schneiden. Die Teilchen auf ein mit Backpapier ausgelegtes Backblech legen. Erneut
30 Minuten	ruhen lassen. Währenddessen den Ofen
auf 220° O/U-Hitze	vorheizen. Die Brötchen auf mittlerer Schiene
etwa 25 Minuten	backen. Warm oder kalt genießen.

Ein Stück (1/6): Kcal: 139 | Fett: 1g | Kohlenhydrate: 23g | Ballaststoffe: 3g | Eiweiß: 9g | BE: 2

Roggenkrüstchen

Für etwa
9 Brötchen

100 ml lauwarmes Wasser	
½ Würfel frische Hefe	
1 Prise Zucker	
1 TL Salz	
50 g Roggenvollkornmehl	in eine Schüssel geben und unter Rühren die Hefe auflösen.
20 Minuten	ruhen lassen.
140 g Dinkelmehl Typ 630	
70 g Roggenvollkornmehl	
50 g Haferkleie	
100 g Joghurt 0,1% Fett	
2 Eier	dazugeben und alles zu einem geschmeidigen Teig kneten.
1 Stunde	bei Zimmertemperatur ruhen lassen.
	Den Teig auf eine bemehlte Arbeitsfläche geben. Mit einem Teigschaber den Teig in 9 Stückchen teilen und auf ein mit Backpapier ausgelegtes Backblech legen. Eventuell mit dem Schaber die Brötchen etwas formen. Die Brötchen auf dem Blech etwa
30 Minuten	erneut ruhen lassen. Währenddessen den Ofen auf
240° O/U-Hitze	vorheizen.
	Auf mittlerer Schiene
10 Minuten	backen und dann bei
200° O/U-Hitze	weitere
15 Minuten	backen.

Ein Stück (1/9): Kcal: 140 | Fett: 2g | Kohlenhydrate: 22g | Ballaststoffe: 3g | Eiweiß: 7g | BE: 2

Vollkornballen

Für etwa
10 Brötchen

Auf 175° O/U-Hitze	den Ofen vorheizen.
300 g Joghurt 0,1% Fett	
2 Eier	
200 g Dinkelvollkornmehl	
100 g Weizenkleie	
1 Pkg. Backpulver	
1 TL Salz	der Reihe nach in eine Schüssel geben und vermengen.
10 Minuten	ruhen lassen.
	Mit nassen Händen 8-10 Brötchen formen. Auf ein mit Backpapier ausgelegtes Backblech
2 EL Weizenkleie	streuen und die Brötchen darin wälzen. Die Brötchen auf der Oberfläche einschneiden.
Etwa 35 Minuten	backen, bis sie eine schöne Kruste haben. Ausgekühlt genießen.

Tipp:
Du kannst Weizenkleie durch Dinkelkleie ersetzen.
Bei Zeitmangel sind sie auch als Pfannenbrötchen ein Genuss: Bei ⅔ der maximalen Herdtemperatur je Seite 5 Minuten backen.

Ein Stück (1/10): Kcal: 116 | Fett: 2g | Kohlenhydrate: 17g | Ballaststoffe: 7g | Eiweiß: 7g | BE: 1

Müslibrötchen

Für
6 Brötchen

Auf 180° O/U-Hitze	den Ofen vorheizen.
200 g Magerquark	
2 Eier	in einer Schüssel cremig rühren.
100 g Dinkelvollkornmehl	
50 g fein gemahlene Haferkleie	
Süße für 50 g Zucker	
1 TL Zimt	
1 Prise Salz	
1 Pkg. Backpulver	
1 fein gewürfelten Apfel	
3 klein gehackte Backpflaumen	dazugeben und mit der Hand oder dem Rührspachtel verrühren.
30 g Flohsamenschalen	und
70 ml Wasser	dazugeben und zügig vermengen.
20 Minuten	aufquellen lassen.
	Aus dem Teig 6 Brötchen formen und als Topping
etwas Haferflocken	und
etwas gepufften Quinoa	nehmen. Auf mittlerer Schiene
etwa 35 Minuten	backen.
	Auf einem Rost vollständig auskühlen lassen.

Ein Stück (1/6): Kcal: 173 | Fett: 3g | Kohlenhydrate: 21g | Ballaststoffe: 8g | Eiweiß: 10g | BE: 2

Burger Buns

Für
6 Brötchen

Auf 180° O/U-Hitze	den Ofen vorheizen.
2 Eier	trennen und das Eiweiß steif schlagen. Zur Seite stellen.
Das Eigelb (der beiden Eier)	
200 g Magerquark	
70 ml Wasser	
140 g Dinkelmehl Typ 630	
30 g fein gemahlene Haferkleie	wer keine Haferkleie mag, nimmt einfach 180 g Mehl insgesamt
½ TL Salz	
Süße für 10 g Zucker	
1 Pkg. Backpulver	dazugeben und mit der Hand oder dem Rührspachtel verrühren. Das Eiweiß unterheben.
Eine 6er Brötchenform	mit dem Teig befüllen.
	Auf der mittleren Schiene
etwa 35 Minuten	backen.
Nach 5 Minuten	aus der Form nehmen und auf einem Rost vollständig auskühlen lassen.

Tipp:
Wer keine Form hat, der trennt die Eier nicht, lässt das Wasser weg und nimmt 180 g Dinkelmehl (den Rest wie oben beschrieben) und formt mit nassen Händen 6 Brötchen. Backtemperatur und Zeit bleiben gleich.

Ein Stück (1/6): Kcal: 152 | Fett: 3g | Kohlenhydrate: 20g | Ballaststoffe: 1g | Eiweiß: 10g | BE: 2

Für
12 Hörnchen

Schokohörnchen

Auf 200° O/U-Hitze	den Ofen vorheizen.
100 g geraspelte Möhren	
15 g Backkakao	
Süße für 40 g Zucker	verrühren und zur Seite stellen.
200 g Magerquark	
1 Ei	
1 EL Rapsöl	in einer Schüssel cremig rühren.
250 g Dinkelmehl Typ 630	
gesünder mit Typ 1050	
Süße für 50 g Zucker	
1 Pkg. Backpulver	der Reihe nach in eine Schüssel geben und zu einem geschmeidigen Teig kneten. Den Teig halbieren und zu jeweils einer Kugel formen. Die Arbeitsfläche bemehlen und die Kugeln zu Fladen mit jeweils etwa 30 cm Durchmesser ausrollen. Diese Fladen in jeweils 6 Stücke teilen (wie bei einer Pizza).
	Die Kakao-Möhren-Mischung auf die breite Seite der Dreiecke verteilen. Von der breiten Seite beginnend jeweils zu einem Hörnchen rollen und auf ein mit Backpapier belegtes Backblech legen. Mit
1 Eigelb	die Hörnchen bepinseln.
	Auf mittlerer Schiene
etwa 20 Minuten	backen.
	Warm oder kalt genießen.

Ein Stück (1/12): Kcal: 111 | Fett: 3g | Kohlenhydrate: 16g | Ballaststoffe: 1g | Eiweiß: 6g | BE: 1

Brot

Roggenflöte

Auf 180° O/U-Hitze	den Ofen vorheizen.
220 g Magerquark	mit
1 Ei	cremig rühren.
30 g Chiasamen	dazugeben und
15 Minuten	aufquellen lassen.
60 g Dinkelmehl Typ 1050	
40 g Roggenvollkornmehl	
½ TL Salz	
1 Pkg. Backpulver	dazugeben und mit einem Rührspachtel gut vermengen.
	Die Arbeitsfläche mit
etwas Mehl	bestreuen und eine etwa 40 cm lange Rolle formen. Auf ein mit Backpapier ausgelegtes Backblech legen und auf mittlerer Schiene
etwa 35 - 40 Minuten	backen.
Mindestens 20 Minuten	abkühlen lassen.

Ein Stück (1/6): Kcal: 122 | Fett: 3g | Kohlenhydrate: 13g | Ballaststoffe: 3g | Eiweiß: 9g | BE: 1

Chiabrot

Auf 175° O/U-Hitze	den Ofen vorheizen.
200 g Magerquark	mit
1 Ei	und
50 ml Wasser	cremig rühren.
80 g Dinkelmehl Typ 630	
70 g Dinkelvollkornmehl	
40 g fein gemahlene Haferkleie	
25 g Chiasamen	
1 gestr. TL Salz	
1 Pkg. Backpulver	dazugeben und mit einem Rührspachtel gut vermengen.
Eine 20er Kastenform	mit Backpapier auskleiden und den Teig einfüllen.
	Im unteren Drittel des Backofens
etwa 55 Minuten	backen.
	Nach 10 Minuten aus der Form nehmen und auf einem Rost vollständig auskühlen lassen.

Eine Scheibe (1/16): Kcal: 62 | Fett: 1g | Kohlenhydrate: 8g | Ballaststoffe: 1g | Eiweiß: 4g | BE: 1

Vollkorn-Toastbrot

½ Würfel Hefe	
100 ml Wasser	in einer Schüssel mit
1 Prise Zucker	auflösen.
2 Eier	
170 g Dinkelmehl Typ 1050	
100 g Dinkelvollkornmehl	
Süße für 20 g Zucker	
1 gestr. TL Salz	dazugeben und gut vermengen. Die Schüssel mit Frischhaltefolie bedecken und den Teig bei Zimmertemperatur
1 Stunde	gehen lassen.
	Eine
25er Kastenform	mit Backpapier auskleiden und den Teig einfüllen.
	In der Form erneut
1 Stunde	ruhen lassen.
Auf 220° O/U-Hitze	den Ofen vorheizen.
	Im unteren Drittel
15 Minuten	backen und dann die Temperatur auf
200° O/U-Hitze	reduzieren und weitere
30 Minuten	backen.
5 Minuten	in der Form abkühlen lassen. Aus der Form nehmen und auf einem Rost vollständig auskühlen lassen.

Eine Scheibe (1/20): Kcal: 55 | Fett: 1g | Kohlenhydrate: 9g | Ballaststoffe: 1g | Eiweiß: 3g | BE: 1

Mediterranes Brot

Auf 175° O/U-Hitze	den Ofen vorheizen.
200 g Magerquark	mit
1 Ei	cremig rühren.
130 g Dinkelvollkornmehl	
40 g Weizenkleie	
1 EL Tomatenmark	
100 g Peperoniringe	oder Paprikawürfel
1 gestr. TL Salz	
1 TL Thymian	
1 TL Basilikum	gern auch frisch gehackte Basilikumblätter
1 Pkg. Backpulver	dazugeben und mit einem Rührspachtel gut vermengen.
Etwas Mehl	auf ein mit Backpapier ausgelegtes Backblech geben und den Teig zu einem großen Ring oder zu einer etwa 20 cm langen Rolle formen.
Etwa 50 Minuten	auf mittlerer Schiene backen.

Eine Scheibe (1/16): Kcal: 51 | Fett: 1g | Kohlenhydrate: 7g | Ballaststoffe: 2g | Eiweiß: 4g | BE: 1

Kichererbsenbrot

2 Dosen Kichererbsen	
(je 240 g Abtropfgewicht)	
3 Eier	in einer Schüssel glatt pürieren.
100 g Dinkelvollkornmehl	
20 g geschrotete Leinsamen	
1 Pkg. Backpulver	
1 gestr. TL Salz	
½ TL Kurkuma	
½ TL Kreuzkümmel	dazugeben und mit einem Rührspachtel oder Knethaken gut vermengen.
60 g Flohsamenschalen	und
120 ml Wasser	zum Teig geben und zügig vermengen.
	Den Teig
20 Minuten	ruhen lassen. Währenddessen den Ofen auf
200° O/U-Hitze	vorheizen.
	Ein Backblech mit Backpapier auslegen und
etwas Mehl	darauf verteilen. Den Teig auf dem bemehlten Blech zu einem Laib formen und auf mittlerer Schiene erst
20 Minuten	backen. Dann die Temperatur auf
180° reduzieren	und weitere
50 Minuten	backen.
	Auf einem Rost vollständig auskühlen lassen.

Eine Scheibe (1/16): Kcal: 88 | Fett: 3g | Kohlenhydrate: 9g | Ballaststoffe: 6g | Eiweiß: 4g | BE: 1

Kümmelbrot

Auf 180° O/U-Hitze	den Ofen vorheizen.
2 Eier	mit
100 ml Wasser	in einer Schüssel schaumig rühren. In einer weiteren Schüssel
120 g Dinkelvollkornmehl *40 g Dinkelmehl Typ 630* *40 g Weizenkleie* *1 EL Kümmel* *1 gestr. TL Salz* *1 Pkg. Backpulver*	vermengen und nach und nach dem Ei-Wasser-Gemisch unter stetigem Rühren beigeben.
Eine 18er/20er Springform	mit Backpapier auskleiden und den Teig einfüllen. Nach Belieben etwas Kümmel darüber streuen.
etwa 40 Minuten	Im unteren Drittel des Backofens backen.
Nach 5 Minuten	von der Form befreien und noch mit dem Backpapier auf einem Rost vollständig auskühlen lassen.

Eine Scheibe (1/12): Kcal: 70 | Fett: 2g | Kohlenhydrate: 10g | Ballaststoffe: 3g | Eiweiß: 4g | BE: 1

Focaccia

Auf 180° O/U-Hitze	den Ofen vorheizen.
160 g Magerquark	mit
1 Ei	cremig rühren.
120 g Dinkelmehl Typ 630	
50 g fein gemahlene Haferkleie	
1 gestr. TL Salz	
1 Pkg. Backpulver	dazugeben und gut vermengen.
	Den Teig mit nassen Händen auf einem mit Backpapier ausgelegten Backblech zu einem etwa 20 x 25 cm großen Fladen formen. Mit den Fingerspitzen einige Dellen hineindrücken.
	Den Fladen mit
1 TL Olivenöl	bepinseln und mit Blättern von
einem Zweig Rosmarin	und in Scheiben geschnittenen
4 Kirschtomaten	belegen.
1 TL grobes Salz	darüberstreuen und nach Wunsch eine zerdrückte
Knoblauchzehe	auf dem Fladen verteilen.
	Auf mittlerer Schiene
etwa 20 - 25 Minuten	backen.

Ein Stück (1/8): Kcal: 106 | Fett: 2g | Kohlenhydrate: 15g | Ballaststoffe: 1g | Eiweiß: 6g | BE: 1

Vitalbrot

Auf 180° O/U-Hitze	den Ofen vorheizen.
250 g Magerquark	
2 Eier	cremig rühren.
80 g Dinkelmehl Typ 1050	
70 g Chiasamen	
30 g Haferkleie	
30 g Weizenkleie	
60 g geraspelte Möhren	
1 gestr. TL Salz	
1 Pkg. Backpulver	dazugeben und gut vermengen.
30 g Flohsamenschalen	und
100 ml Wasser	zum Teig geben und zügig unterkneten.
20 Minuten	aufquellen lassen.
	Auf ein mit Backpapier ausgelegtes Backblech
etwas Weizenkleie	und
Haferkleie	streuen, den Teig in dem Kleiegemisch wälzen und zu einem Laib formen. Die Oberfläche etwas einschneiden und im unteren Drittel des Ofens
etwa 60 Minuten	backen.

Eine Scheibe (1/16): Kcal: 75 | Fett: 3g | Kohlenhydrate: 6g | Ballaststoffe: 4g | Eiweiß: 5g | BE: 1

Orientalisches Brot

½ Würfel frische Hefe	mit
120 ml Wasser	in einer Schüssel auflösen.
240 g Dinkelmehl Typ 1050	
1 TL Olivenöl	
1 TL Kurkuma (optional)	
1 TL Kreuzkümmel (optional)	
1 gestr. TL Salz	dazugeben und zu einem geschmeidigen Teig kneten.
	Den Teig zu 12 walnussgroßen Bällchen formen und auf eine bemehlte Arbeitsfläche legen. Mit einem Trockentuch zugedeckt
30 Minuten	ruhen lassen.
	Eine beschichtete Pfanne auf der Herdplatte mit
⅔ der maximalen Hitze	(Stufe 2 bei max. 3 / Stufe 4 bei max. 6 etc.) erwärmen.
	Die Bällchen mit einem Nudelholz nach und nach auf etwa 12 cm Durchmesser ausrollen und in der Pfanne je Seite
etwa 2 Minuten	backen.

Ein Stück (1/10): Kcal: 87 | Fett: 1g | Kohlenhydrate: 16g | Ballaststoffe: 1g | Eiweiß: 4g | BE: 1

Ciabatta

Auf 175° O/U-Hitze	den Ofen vorheizen.
220 g Magerquark	mit
1 Ei	cremig rühren.
150 g Dinkelmehl Typ 630	
20 g Weizenkleie	
1 gestr. TL Salz	
1 Pkg. Backpulver	dazugeben und mit einem Rührspachtel gut vermengen.
Etwas Mehl	auf ein mit Backpapier ausgelegtes Backblech geben und den Teig darauf zu einer etwa 20 cm langen Rolle formen.
Etwa 40 Minuten	im unteren Drittel des Backofens backen.
Mindestens 30 Minuten	abkühlen lassen.

Ein Stück (1/12): Kcal: 67 | Fett: 1g | Kohlenhydrate: 10g | Ballaststoffe: 1g | Eiweiß: 5g | BE: 1

Roggen-Hefe-Brot

100 ml lauwarmes Wasser	
½ Würfel frische Hefe	
1 Prise Zucker	
50 g Roggenvollkornmehl	in eine Schüssel geben und unter Rühren die Hefe auflösen.
20 Minuten	ruhen lassen.
140 g Dinkelmehl Typ 630	
70 g Roggenvollkornmehl	
30 g Haferkleie	
20 g Weizenkleie	
120 g Magerquark	
2 Eier	
1 gestr. TL Salz	dazugeben und alles zu einem geschmeidigen Teig kneten.
1 Stunde	bei Zimmertemperatur ruhen lassen.
Eine 25er Kastenform	mit Backpapier auskleiden und den Teig einfüllen.
	Den Teig in der Form erneut
1 Stunde	ruhen lassen und währenddessen den Ofen auf
220° O/U-Hitze	vorheizen.
	Im unteren Drittel des Ofens
15 Minuten	backen.
	Die Temperatur auf
190° O/U-Hitze	reduzieren (das Brot bleibt dabei im Ofen) und weitere
30 Minuten	backen.
	Das Brot mit dem Backpapier zusammen aus der Form nehmen, vom Papier befreien und auf einem Rost vollständig auskühlen lassen.

Eine Scheibe (1/20): Kcal: 64 | Fett: 1g | Kohlenhydrate: 10g | Ballaststoffe: 2g | Eiweiß: 4g | BE: 1

Kuchen

Apfeltarte

Auf 180° O/U-Hitze	den Ofen vorheizen.
200 g Magerquark	mit
1 Ei	cremig rühren.
160 g Dinkelmehl Typ 1050	
Süße für 100 g Zucker	
1 Pkg. Backpulver	
Vanille	dazugeben und zu einem geschmeidigen Teig kneten.
Eine 26er Springform	mit Backpapier auskleiden, den Teig hineingeben und mit nassen Händen auf dem Boden verteilen.
3 Äpfel	schälen und entkernen. Den Großteil davon in dünne Spalten schneiden und einen kleinen Rest würfeln (für die Kuchenmitte). Rundherum in 3 Reihen von außen beginnend die Spalten auf dem Teig verteilen. In der Mitte die kleinen Apfelwürfel häufen.
	Auf mittlerer Schiene
etwa 45 Minuten	backen. Nach Wunsch mit Puderzucker bestäuben.

Ein Stück (1/12): Kcal: 82 | Fett: 1g | Kohlenhydrate: 14g | Ballaststoffe: 1g | Eiweiß: 5g | BE: 1

Maulwurfkuchen

Auf 175° O/U-Hitze	den Ofen vorheizen.
2 reife Bananen	mit einer Gabel zermatschen.
3 Eier *Süße für 100 g Zucker*	zu den Bananen geben und mit einem Handrührgerät schaumig schlagen.
125 g Dinkelmehl Typ 1050 *20 g Backkakao* *1 Pkg. Backpulver*	dazugeben und mit dem Rührgerät zu einem glatten Teig vermengen.
Eine 26er Springform	mit Backpapier auskleiden. Den Teig einfüllen und im unteren Drittel des Ofens
etwa 35 Minuten	backen. Den Kuchen auf einem Rost vollständig auskühlen lassen.
500 g Magerquark *150 g griechischen Joghurt 10% Fett* *Süße für 80 g Zucker* *2 Pkg. Sahnesteif* *Vanille*	in eine Schüssel geben und auf höchster Stufe des Handrührgerätes 3 Minuten lang cremig rühren.
15 g Raspelschokolade	unterheben. Den erkalteten Kuchen aushöhlen, dabei von Rand und Boden etwa 2 cm stehen lassen. Die entfernte Füllung in einer separaten Schüssel zerbröseln.
4 mittelgroße Bananen	in Scheiben schneiden und auf dem Kuchenboden verteilen. Die Füllung darüber geben und zu einer Kuppel formen. Die Krümel darüber verteilen und leicht andrücken.
Mindestens 1 Stunde	im Kühlschrank kühlen. Tipp: Schmeckt auch super mit Mango oder Sauerkirschen.

Ein Stück (1/12): Kcal: 175 | Fett: 4g | Kohlenhydrate: 24g | Ballaststoffe: 2g | Eiweiß: 10g | BE: 2

Bienenstich

Auf 175° O/U-Hitze	den Ofen vorheizen.
150 ml Milch 0,3% Fett	
2 Eier	
Süße für 70 g Zucker	in einer Schüssel mit einem Handrührgerät schaumig schlagen.
200 g Dinkelmehl Typ 630	
50 g Haferkleie	
1 Pkg. Backpulver	
1 Prise Salz	der Reihe nach zu dem Milch-Ei-Gemisch geben und mit einem Handrührgerät etwa 3 Minuten zu einem glatten Teig rühren.
Eine 26er Springform	mit Backpapier auslegen, den Rand leicht einfetten und mit dem Teig füllen.
30 g Mandelblätter	auf dem Teig verteilen.
1 EL kristalline Süße	
2 EL Wasser	mischen und teelöffelweise auf dem Teig verteilen.
Etwa 40 Minuten	auf mittlerer Schiene backen.
1 Pkg. Vanillepudding	nach Anleitung mit
300 ml Milch 1,5% Fett	und
Süße für 70 g Zucker	kochen. Den Pudding sofort in eine Schüssel kippen und Frischhaltefolie auf die Oberfläche des Puddings legen. Abkühlen lassen. Den Kuchen herausholen, vollständig abkühlen lassen und vorsichtig waagerecht halbieren, so dass zwei Böden entstehen. Den oberen Teil vorsichtig in 12 Teile schneiden. Beim abgekühlten Pudding die Folie entfernen und
200 g griechischen Joghurt 2% Fett	unterrühren. Den Kuchenboden in die Springform legen und den Rand schließen. Die Füllung darübergeben und die 12 Kuchenteile oben drauf verteilen.
1 Stunde	auskühlen lassen.

Ein Stück (1/12): Kcal: 133 | Fett: 4g | Kohlenhydrate: 17g | Ballaststoffe: 1g | Eiweiß: 7g | BE: 2

Schoko-Kirsch-Kuchen

300 g Süßkirschen	waschen und entkernen.
Auf 175° O/U-Hitze	den Ofen vorheizen.
3 Eier *Süße für 120 g Zucker*	in einer Schüssel mit einem Handrührgerät schaumig schlagen.
120 g Dinkelmehl Typ 1050 *100 g geraspelte Möhren* *20 g Backkakao* *1 Pkg. Backpulver*	dazugeben. Mit dem Handrührgerät kurz auf niedriger Stufe, dann auf höchster Stufe etwa 3 Minuten rühren.
Eine 26er Springform	mit Backpapier auskleiden und mit dem Teig befüllen. Die Kirschen auf dem Teig verteilen und auf mittlerer Schiene des Backofens
etwa 35 - 40 Minuten	backen.
Nach 5 Minuten	von der Form befreien und auf einem Rost vollständig auskühlen lassen.
20 g Zartbitterkuvertüre	im Wasserbad oder bei 400 Watt in der Mikrowelle erwärmen und auf dem Kuchen dekorativ in Streifen verteilen.

Ein Stück (1/12): Kcal: 91 | Fett: 3g | Kohlenhydrate: 12g | Ballaststoffe: 2g | Eiweiß: 4g | BE: 1

Schwarzwälder Kirsch

Auf 175° O/U-Hitze	den Ofen vorheizen.
Teig: *5 Eier*	in einer Schüssel zusammen mit
Süße für 100 g Zucker	mit einem Handrührgerat etwa 3 Minuten schaumig schlagen.
150 g Dinkelmehl Typ 630	
15 g Backkakao	
Vanille	
1 Pkg. Backpulver	dazugeben und weitere 3 Minuten mit dem Gerät rühren.
Eine 26er Springform	mit Backpapier auskleiden und den Teig einfüllen.
Etwa 40 Minuten	im unteren Drittel des Ofens backen.
Gelee: *200 ml Wasser*	
250 g TK- oder frische Sauerkirschen	
Süße für 50 g Zucker	
2 EL Rum oder 6 Tropfen Rumaroma	in einem kleinen Topf erwärmen und
1 EL Agar-Agar oder 6 Blätter Gelatine	mit in den Topf geben (Gelatine vorher in kaltem Wasser etwa 10 Minuten einweichen und auswringen) und unter Rühren
mindestens 2 Minuten	kochen. Den Topf zur Seite stellen. Den komplett ausgekühlten Boden vorsichtig 2 Mal waagerecht schneiden, so dass 3 Böden entstehen. Den untersten Boden ohne Backpapier in die Springform legen.
Creme: *700 g Magerquark*	
300 g griechischen Joghurt 10% Fett	
Süße für 150 g Zucker	
2 Pkg. Sahnesteif	
Vanille	in eine Schüssel geben und mit dem Rührgerät auf höchster Stufe mindestens 3 Minuten rühren. Auf dem untersten Boden das noch nicht fest gewordene Gelee verteilen. Den Rand mit der Creme schließen. Den mittleren Boden darüberlegen und mit der Hälfte der Creme bedecken, den Rand schön schließen. Den obersten Boden darüberlegen und die restliche Creme auf der Oberfläche glattstreichen. In der Springform im Kühlschrank mind. 2 Stunden kühlen. Mit Schokoraspeln garnieren.

Ein Stück (1/12): Kcal: 181 | Fett: 6g | Kohlenhydrate: 17g | Ballaststoffe: 1g | Eiweiß: 13g | BE: 1

Blaubeermuffins

Auf 180° O/U-Hitze	den Ofen vorheizen.
3 Eier *100 g Magerquark* *Süße für 150 g Zucker*	der Reihe nach in eine Schüssel geben und schön cremig rühren.
150 g Dinkelmehl Typ 1050 *30 g Haferkleie* *2 TL Natron* *Vanille*	dazugeben und gut vermengen.
125 g Blaubeeren *12er Silikonmuffinform*	in den Teig unterheben und in verteilen.
etwa 30 Minuten	Im unteren Drittel des Ofens backen.

Tipp:
Wenn du keine Silikonform hast, dann besprühe die Papierförmchen oder die Metallform mit Backtrennspray. Natürlich kannst du auch Backpulver statt Natron nehmen.

Ein Stück (1/12): Kcal: 84 | Fett: 2g | Kohlenhydrate: 11g | Ballaststoffe: 1g | Eiweiß: 5g | BE: 1

Cremiger Käsekuchen

Auf 175° O/U-Hitze	den Ofen vorheizen.
50 g griechischen Joghurt 2% Fett	
2 Eier	
140 g Dinkelmehl Typ 630	
60 g Weichweizengrieß	
Süße für 40 g Zucker	der Reihe nach in eine Schüssel geben und zu einem geschmeidigen, aber klebrigen Teig kneten.
Eine 26er Springform	mit Backpapier einspannen und den Rand leicht einfetten. Den Teig mit nassen Fingern auf dem Boden und 3 Finger breit am Rand rundum verteilen. Die Form zur Seite stellen.
3 Eier trennen	und das Eiweiß steif schlagen, auch zur Seite stellen.
750 g Magerquark	
350 g griechischen Joghurt 10% Fett	
3 Eigelbe	der getrennten Eier
1 Pkg. Vanillepuddingpulver	
Abrieb einer Bio-Zitrone	
Süße für etwa 120 g Zucker	in eine Schüssel geben und mit einem Rührgerät auf höchster Stufe cremig rühren.
Das Eiweiß	unterheben und auf den noch ungebackenen Boden kippen, glattstreichen.
60 - 70 Minuten	im unteren Drittel des Ofens backen, bis der Kuchen auf der Oberfläche braune Flecken bekommt. Ausgekühlt genießen!

Ein Stück (1/12): Kcal: 181| Fett: 6g | Kohlenhydrate: 16g | Ballaststoffe: 1g | Eiweiß: 14g | BE: 1

Mixies

Auf 175° O/U-Hitze	den Ofen vorheizen.
3 sehr reife Bananen	mit einer Gabel zermatschen.
oder	
240 g ungesüßtes Apfelmus	
2 Eier	
Süße für 100 g Zucker	der Reihe nach in eine Schüssel geben und mit einem Handrührgerät auf höchster Stufe gut vermengen.
175 g Dinkelvollkornmehl	
1 Pkg. Backpulver	dazugeben und gut vermengen. Fertig ist der Grundteig!
	Jetzt kannst du dich austoben:
	Für **Schokomixies** gibst du
20 g Backkakao	in den Teig.
	Für **Nussmixies** gibst du
30 g gemahlene Haselnüsse	dazu.
	Variiere mit Mandeln, Marzipan, Zitronen, Rosinen, Apfel-Zimt...
	Den Teig in Silikonförmchen verteilen. Auf mittlerer Schiene
etwa 40 Minuten	backen. Nach
5 Minuten	aus der Form nehmen und auf einem Rost vollständig auskühlen lassen.

Ein Stück mit Apfelmus (1/12): Kcal: 81 | Fett: 2g | Kohlenhydrate: 12g | Ballaststoffe: 3g | Eiweiß: 3g | BE: 1

Rosinenschnecken

Auf 200° O/U-Hitze	den Ofen vorheizen.
Einen großen Apfel	schälen und in kleine Würfel schneiden.
200 g Magerquark	
1 Ei	cremig rühren.
200 g Dinkelmehl Typ 630	
Süße für 50 g Zucker	
1 Pkg. Backpulver	dazugeben und zu einem geschmeidigen Teig kneten. Auf einer bemehlten Arbeitsfläche den Teig auf etwa 30 x 30 cm ausrollen. Die Apfelwürfel und
30 g Rosinen	auf dem Teig verteilen, dabei auf zwei gegenüberliegenden Rändern jeweils 2 cm Platz lassen. Von einer dieser Randseiten beginnend den Teig vorsichtig einrollen. Die Teigrolle mit einem scharfen Messer in etwa 12 bis 15 Scheiben schneiden und sie auf einem mit Backpapier ausgelegten Backblech verteilen. Auf mittlerer Schiene
etwa 25 Minuten	backen. Die noch heißen Schnecken mit
2 TL Halbfettmargarine	bepinseln und mit
Süße für 20 g Zucker	bestreuen oder darin wenden.

Tipp:
Die Rosinen kann man auch vor dem Backen eine Stunde in 1 EL Rum einlegen.

Ein Stück (1/15): Kcal: 74 | Fett: 1g | Kohlenhydrate: 12g | Ballaststoffe: 1g | Eiweiß: 4g | BE: 1

©Silvia Heuschneider

Zwetschgenkuchen

Auf 175° O/U-Hitze	den Ofen vorheizen.
750 g Zwetschgen	waschen, entkernen und vierteln.
	In einer Schüssel
150 g Magerquark	
3 Eier	mit einem Handrührgerat etwa 3 Minuten schaumig schlagen.
Süße für 150 g Zucker	
85 g Dinkelmehl Typ 1050	
85 g Dinkelvollkornmehl	
2 TL Zimt	
1 Pkg. Backpulver	dazugeben und weitere 3 Minuten mit dem Handrührgerät rühren.
Ein Backblech (etwa 30x40 cm)	mit Backpapier auskleiden, den Teig darauf verteilen. Die Zwetschgen mit der Innenseite nach oben auf dem Teig platzieren. Nach Wunsch
1 EL Süße und 1 TL Zimt	mischen und über den Zwetschgen verteilen.
	Auf mittlerer Schiene
etwa 45 Minuten	backen.

Ein Stück (1/16): Kcal: 86 | Fett: 2g | Kohlenhydrate: 13g | Ballaststoffe: 2g | Eiweiß: 4g | BE: 1

Süßer Flammkuchen

2 süße Birnen	und
3 Pflaumen	waschen, entkernen und in Scheiben schneiden.
Auf 180° O/U-Hitze	den Ofen vorheizen.
180 g Magerquark *150 g Dinkelmehl Typ 1050* *1 Prise Salz* *Süße für 10 g Zucker* *1 Pkg. Backpulver*	in eine Schüssel geben und zu einem glatten Teig kneten. Auf einer bemehlten Arbeitsfläche den Teig auf etwa 30 x 40 cm ausrollen und auf ein mit Backpapier ausgelegtes Backblech legen.
60 g Magerquark *1 EL Wasser* *Süße für 30 g Zucker* *Vanille*	in einer separaten Schüssel zu einer glatten Creme rühren und auf den Teig streichen. Die Birnen und Pflaumen auf der Creme verteilen und
20 g Mandelblätter	darüberstreuen. Auf mittlerer Schiene
etwa 30 Minuten	backen.

Tipp:
Der Teig eignet sich mit etwas mehr Salz und ohne Süße auch super für eine Familienpizza!

Ein Stück (1/8): Kcal: 135 | Fett: 2g | Kohlenhydrate: 22g | Ballaststoffe: 3g | Eiweiß: 7g | BE: 2

„Butter"-Kuchen

Auf 180° O/U-Hitze	den Ofen vorheizen.
220 g Magerquark *180 g Dinkelmehl Typ 630* *Süße für 100 g Zucker* *1 Pkg. Backpulver* *Vanille*	dazugeben und mit der Hand oder einem Knethaken zu einem geschmeidigen Teig kneten.
Eine 26er Springform	mit Backpapier auskleiden und den Teig hineingeben.
	Mit nassen Händen den Teig am Boden gut verteilen und mit dem Daumen oder einem Kochlöffelstiel etwa 15 Mulden hineindrücken.
15 g Halbfettmargarine	auf die Mulden verteilen.
30 g Mandelblätter	über den Teig streuen und zusätzlich noch
2 TL Süße (am besten kristalline)	über die Mandeln verteilen.
	Auf mittlerer Schiene
etwa 35 Minuten	backen.

Ein Stück (1/12): Kcal: 85 | Fett: 2g | Kohlenhydrate: 11g | Ballaststoffe: 1g | Eiweiß: 5g | BE: 1

Waffeln

100 g Dinkelmehl Typ 1050 *1 Pkg. Backpulver*	in einer Schüssel mischen.
3 Eier *200 g Magerquark* *Süße für 80 g Zucker* *50 ml Wasser* *Vanille*	dazugeben und mit einem Handrührgerät auf höchster Stufe mindestens 2 Minuten zu einem glatten Teig rühren.
Ein Waffeleisen	auf mittlere Hitze einstellen und nach und nach die Waffeln jeweils etwa 1 Minute backen (kann je nach Waffeleisen variieren). Ggf. das Waffeleisen gelegentlich einfetten.
	Mit Obst, Puderzucker, Apfelmus etc. servieren.

Tipp:
Wie wäre es mit herzhaften Waffeln? Statt Süße 1 gestr. TL Salz und Kräuter/Käse/Speck/Zwiebeln etc. dazugeben.
Lecker!

Ein Stück (1/10): Kcal: 77 | Fett: 2g | Kohlenhydrate: 8g | Ballaststoffe: 0g | Eiweiß: 6g | BE :1

Schneller Apfelkuchen

1 mittelgroßen Apfel	schälen und in Spalten schneiden.
1 Ei	
Süße für 20 g Zucker	
100 g Magerquark	
45 g Dinkelmehl Typ 630	
1 TL Backpulver	in einer kleinen Schüssel vermengen.
	Eine beschichtete Pfanne auf dem Herd mit
⅔ der maximalen Hitze	(Stufe 2 bei max. 3 / Stufe 4 bei max. 6 etc.) erwärmen.
	Die Apfelspalten sternförmig in der Pfanne verteilen und den Teig darübergeben.
	Mit geschlossenem Deckel
5 Minuten	backen. Danach die Temperatur auf
½ der maximalen Hitze	reduzieren und bei schräg aufliegendem Deckel (so kann der Dampf entweichen) weitere
10 Minuten	backen.
	Den Kuchen auf einen Teller stürzen.
	Nach Belieben mit Puderzucker garnieren.
	Genießen.

Ein Stück (1/4): Kcal: 96 | Fett: 2g | Kohlenhydrate: 13g | Ballaststoffe: 1g | Eiweiß: 7g | BE: 1

Orangen-Zimt-Kuchen

Auf 180° O/U-Hitze	den Ofen vorheizen.
Saft einer Orange (ca. 100 ml) *3 Eier* *Süße für 120 g Zucker*	mit einem Handrührgerät auf höchster Stufe schaumig rühren.
120 g Dinkelvollkornmehl *50 g fein gemahlene Haferkleie* *100 g geraspelte Möhren* *Abrieb einer Bio-Orange* *2 TL Zimt* *1 Pkg. Backpulver*	dazugeben und auf mittlerer Stufe 3 Minuten rühren.
Eine 26er Springform	mit Backpapier auskleiden und den Teig hineingeben.
	Auf mittlerer Schiene
etwa 40 Minuten	backen. Nach Wunsch mit Puderzucker bestäuben.

Tipp:
Es ergibt einen hervorragenden Adventskuchen, wenn man noch etwas Kardamom, Piment und Ingwer dazugibt.

Ein Stück (1/12): Kcal: 79 | Fett: 2g | Kohlenhydrate: 10g | Ballaststoffe: 2g | Eiweiß: 4g | BE: 1

Cookies

Auf 170° O/U-Hitze den Ofen vorheizen.

160 g Dinkelmehl Typ 630
40 g Weichweizengrieß
Süße für 100 g Zucker
1 TL Backpulver
20 g Schokotropfen
2 Eier in eine Schüssel geben und zu einem glatten, aber klebrigen Teig vermengen.

Mit einem Löffel etwa 20 kleine Häufchen auf 2 mit Backpapier ausgelegten Blechen verteilen.
Die Häufchen mit einem nassen Löffel zu etwa 5 cm breiten Plätzchen formen.

Etwa 25 Minuten pro Blech nacheinander auf mittlerer Schiene backen.

Ein Stück (1/20): Kcal: 48 | Fett: 1g | Kohlenhydrate: 7g | Ballaststoffe: 0g | Eiweiß: 2g | BE: 1

pure milk

Pizza & Co.

Pfannenpizza

1 Ei	
80 g Magerquark	
35 g Dinkelmehl Typ 1050	
1 TL Backpulver	
etwas Salz	in eine kleine Schüssel geben und gut vermengen.
4 Kirschtomaten	in Scheiben schneiden.
1 kleine Zwiebel	in dünne Streifen schneiden.
1 Knoblauchzehe	klein hacken und alles zusammen in einer
beschichteten 20er Pfanne	mit
1 TL Sonnenblumenöl	anbraten.
	Mit
Salz, Pfeffer und Oregano	würzen.
	Alles etwas in die Mitte ziehen und den Teig in die Pfanne auf das Angebratene geben und bis zum Rand verteilen. Mit Deckel auf mittlerer Hitze
5 Minuten	backen.
	Den Deckel öffnen und vorsichtig wenden.
Etwa 2 EL Reibekäse (fettreduziert)	darüberstreuen und ohne Deckel weitere
5 Minuten	backen.
	Aus der Pfanne nehmen und mit Rucola garnieren.

Ein Stück: Kcal: 394 | Fett: 15g | Kohlenhydrate: 34g | Ballaststoffe: 2g | Eiweiß: 29g | BE: 3

Gefüllte Teigtaschen

Auf 180° O/U-Hitze	den Ofen vorheizen.
370 g Magerquark	
250 g Dinkelmehl Typ 630	gesünder mit Vollkornmehl
½ TL Salz	
1 Pkg. Backpulver	der Reihe nach in eine Schüssel geben und zu einem geschmeidigen Teig kneten.
120 g fettarmen Feta	in einer kleinen Schüssel mit einer Gabel zu Bröseln zerdrücken und beiseite stellen.
	Aus dem Teig 12 gleich große Bällchen formen und sie auf der Handfläche zu etwa jeweils 10 cm breiten Fladen plattdrücken.
	Jeweils 2 TL Feta in die Mitte des Fladens geben und den Fladen - noch in der Hand - schließen, indem du die Ränder in die Mitte ziehst und verschließt (wie ein Säckchen). Der Käse bleibt in dem Säckchen. Die Taschen mit der runden, glatten Seite nach oben auf einem mit Backpapier ausgelegten Backblech verteilen.
1 Eigelb	in eine kleine Schüssel geben und die Taschen damit bepinseln. Auf Wunsch mit
10 g Sesam	bestreuen. Auf mittlerer Schiene
etwa 35 Minuten	backen.

Ein Stück (1/12): Kcal: 119 | Fett: 2g | Kohlenhydrate: 16g | Ballaststoffe: 1g | Eiweiß: 10g | BE: 1

Lauch-Tatar-Rolle

2 Stangen Lauch	waschen, putzen, längs halbieren, in dünne Halbringe schneiden und in eine Schüssel geben.
250 g Rindertatar	
oder zerkleinertes Rindergulasch	mit
1 TL Pflanzenöl	in der Pfanne anbraten, zum Lauch dazugeben.
100 g Joghurt 0,1% Fett	dazugeben und mit
Salz, Pfeffer, Paprika	würzen. Gut vermengen.
Den Ofen auf 200° O/U-Hitze	vorheizen.
1 Ei	
100 g Joghurt 0,1% Fett	in einer Schüssel cremig rühren.
1 TL Rapsöl	
180 g Dinkelmehl Typ 1050	
½ TL Salz	
1 gehäuften TL Backpulver	dazugeben und zu einem geschmeidigen Teig kneten. Den Teig halbieren und zu je einer Kugel formen. Die Arbeitsfläche mit
etwas Mehl	bestreuen und die Kugeln auf je 30 x 40 cm ausrollen. Die Füllung auf beide Fladen verteilen und mit der schmalen Seite beginnend jeweils einrollen. Die Enden zusammendrücken und zum Boden falten. Auf ein mit Backpapier belegtes Backblech legen.
1 Eigelb	verquirlen und die Rollen damit bepinseln. Auf mittlerer Schiene
etwa 25 Minuten	backen. Warm genießen.

Ein Stück (1/12): Kcal: 107 | Fett: 3g | Kohlenhydrate: 12g | Ballaststoffe: 1g | Eiweiß: 9g | BE: 1

©Silvia Heuschneider

Pizzaschnecken

Auf 175° O/U-Hitze	den Ofen vorheizen.
240 g Magerquark *200 g Dinkelmehl Typ 630* *1 gehäuften TL Backpulver* *½ TL Salz*	der Reihe nach in eine Schüssel geben und zu einem geschmeidigen Teig kneten.
Etwas Mehl	auf die Arbeitsfläche geben und den Teig mit einem Nudelholz zu einem etwa 0,5 cm dünnen Rechteck rollen.
3 EL Tomatenmark *4 EL Wasser* *Salz, Pfeffer, Oregano*	in einer kleinen Schüssel verrühren und auf den ausgerollten Teig streichen.
80 g Reibekäse (fettreduziert) *oder* *60 g Parmesan*	gleichmäßig auf dem Teigfladen verteilen. Von einer der schmalen Seiten beginnend den Teig einrollen. Die Rolle in etwa 20 ca. 1 cm dicke Scheiben schneiden.
	Auf einem mit Backpapier ausgelegten Backblech die geschnittenen Schnecken verteilen. Auf mittlerer Schiene
etwa 30 Minuten	backen.

Tipp:
Schmeckt auch super mit Pilzen, Schinken, Salami.

Ein Stück (1/20): Kcal: 56 | Fett: 1g | Kohlenhydrate: 8g | Ballaststoffe: 0g | Eiweiß: 4g | BE: 1

Kichererbsennudeln

1 Dose Kichererbsen	
(etwa 240 g Abtropfgewicht)	gut abgießen. Mit
1 Ei	in ein hohes Gefäß geben und mit einem Pürierstab glatt pürieren.
50 g Dinkelmehl Typ 1050	
½ TL Salz	dazugeben und gut vermengen.
	Den Teig zu 8 Bällchen formen und beiseite stellen.
	In einem Topf
2 Liter Wasser	und
1 TL Salz	zum Kochen bringen. Danach bei mittlerer Hitze auf der Kochplatte stehen lassen.
Etwas Mehl	auf die Arbeitsfläche geben und die Bällchen nacheinander zu etwa 0,5 cm dünnen, langen Schlangen rollen. Anschließend mit einem Messer ca. 3 cm lange Nudeln schneiden.
	Die Nudeln etappenweise ins Wasser geben und, sobald sie auf der Wasseroberfläche schwimmen, noch
1 Minute	kochen.
	Gut abtropfen lassen und mit einer leckeren Soße genießen.

Eine Portion (1/2): Kcal: 263 | Fett: 6g | Kohlenhydrate: 35g | Ballaststoffe: 10g | Eiweiß: 15g | BE: 3

Quarknudeln

250 g Magerquark	
100 g Dinkelmehl Typ 1050	
2 TL Guarkernmehl	in eine Schüssel geben und mit einem Knethaken lange zu einem glatten Teig kneten. In 4 Stücke teilen.
	Die Arbeitsfläche mit
etwas Mehl	bestreuen und die 4 Teigstücke damit bemehlen.
3 Liter Wasser	in einem Topf mit
1 TL Salz	zum Kochen bringen. Die Temperatur etwas reduzieren.
	Die Teigstücke nacheinander zu etwa 30 cm langen Schlangen (etwa 1-2 cm dick) rollen und mit einem Messer ca. 1 cm lange Nudeln schneiden.
	Vorsichtig alle Teiglinge in das siedende Wasser geben. Sobald die Quarknudeln an der Wasseroberfläche schwimmen, sie mit einer Siebkelle aus dem Topf holen.
	Die Nudeln kurz in der Pfanne mit
1 TL Pflanzenöl	schwenken.
	Sie schmecken mit süßen und herzhaften Soßen!

Eine Portion (1/2): Kcal: 269 | Fett: 1g | Kohlenhydrate: 39g | Ballaststoffe: 6g | Eiweiß: 22g | BE: 4

Spinatquiche

Auf 180° O/U-Hitze	den Ofen vorheizen.
50 g griechischen Joghurt 2% Fett *2 Eier* *140 g Dinkelmehl Typ 630* *60 g Weichweizengrieß* *½ TL Salz*	der Reihe nach in eine Schüssel geben und zu einem geschmeidigen, aber klebrigen Teig kneten.
Eine 26er Quiche-/Springform	leicht einfetten. Den Teig mit nassen Fingern auf dem Boden und entlang des Randes 2 Finger breit verteilen. Die Form zur Seite stellen.
200 g frischen Blattspinat	waschen und in eine Schüssel geben.
2 mittelgroße Zwiebeln	schälen, klein würfeln und zum Spinat geben.
4 Eier *150 g griechischen Joghurt 2% Fett* *50 g Feta (fettreduziert)* *2 TL Paprika rosenscharf* *¼ TL Muskatnuss* *1 TL Salz* *etwas Pfeffer*	optional 50 g Magerspeck dazugeben und schön vermengen. Die Masse in die Form geben und mit
50 g Reibekäse light	bestreuen. Auf mittlerer Schiene etwa
50 Minuten	backen.

Ein Stück (1/12): Kcal: 137 | Fett: 5g | Kohlenhydrate: 13g | Ballaststoffe: 1g | Eiweiß: 10g | BE: 1

Salat Fatal

500 g gewürfelte Steckrüben	mit
etwas Salz oder Brühe	weich kochen und abseihen. Auskühlen lassen.
2 Eier	hart kochen. Die Eier pellen, Eigelb und Eiweiß trennen. Das Eiweiß klein würfeln und zur Seite stellen.
1 Frühlingszwiebel	putzen und in dünne Ringe schneiden.
100 g Gewürzgurken	in dünne Scheiben schneiden.
	In eine große Schüssel
die Eigelbe	
200 g griech. Joghurt 10% Fett	
100 g Skyr	
1 TL mittelscharfen Senf	
Süße für 10 g Zucker	
3 EL Gewürzgurkenwasser	
½ TL Salz	und je eine Messerspitze
Paprika rosenscharf	
Kurkuma	
Koriander	
Piment	geben und mit einem Pürierstab die Masse glatt pürieren. Die Steckrüben, die Zwiebel, das Eiweiß und die Gurken dazugeben und gut vermengen. Evtl. noch einmal abschmecken. Den Salat vor dem ersten Verzehr im Kühlschrank
mindestens 1 Stunde	kühlen.

Eine Portion (1/4): Kcal: 173 | Fett: 9g | Kohlenhydrate: 11g | Ballaststoffe: 4g | Eiweiß: 10g | BE: 0

Soßen & Aufstriche

Carbonara mit Frischkäse

100 g Frischkäse 0,2% Fett	
2 Eier	
Pfeffer	in einem hohen Gefäß mit einem Schneebesen cremig rühren.
1 Knoblauchzehe	schälen und klein hacken. In einer beschichteten Pfanne
100 g Magerspeck	mit
1 TL Pflanzenöl	anbraten. Den Knoblauch dazugeben und verrühren.
3 EL Nudelwasser	mit in die Pfanne geben und etwa 1 Minute köcheln lassen. Die Pfanne vom Herd nehmen und die fertig gekochten Nudeln in die Pfanne geben, gut vermengen. Das Ei-Frischkäse-Gemisch darübergießen und verrühren. Mit
20 g Parmesan	genießen.

Tipp:
Damit das Ei nicht stockt, am besten die Pfanne etwas abkühlen lassen, bevor das Ei-Frischkäse-Gemisch in die Pfanne kommt.

Eine Portion (1/3): Kcal: 160 | Fett: 8g | Kohlenhydrate: 2g | Ballaststoffe: 0g | Eiweiß: 19g | BE: 0

Tomatenketchup

100 g Tomatenmark
100 ml Wasser
Süße für 15 g Zucker
1 EL Essig
1 Prise Salz

in einem kleinen Topf mit einem Schneebesen verrühren und unter Rühren 1 Minute aufkochen. Vom Herd nehmen und luftdicht in einem Glas aufbewahren.

Curryketchup

50 g Tomatenmark
1 EL Paprika edelsüß — für etwas Schärfe: Rosenscharf
1 EL Currypulver
100 ml Wasser
Süße für 20 g Zucker
1 EL Essig
1 Prise Salz

in einem kleinen Topf mit einem Schneebesen verrühren und unter Rühren 1 Minute aufkochen. Vom Herd nehmen und luftdicht in einem Glas aufbewahren.

Tomatenket.: Eine Portion (1/4): Kcal: 31 | Fett: 0g | Kohlenhydrate: 5g | Ballaststoffe: 1g | Eiweiß: 2g | BE: 1

Curryket.: Eine Portion (1/4): Kcal: 32 | Fett: 1g | Kohlenhydrate: 5g | Ballaststoffe: 1g | Eiweiß: 1g | BE: 1

Rotes Pesto

20 g getrocknete Tomaten	in eine kleine Schüssel geben und mit heißem Wasser bedecken.
10 Minuten	ziehen lassen (je nach Dicke evtl. auch länger), abgießen.
200 g gegrillte Paprika	*abgetropft, aus dem Glas*
30 g Parmesan	
10 g Mandeln	
2 geschälte Knoblauchzehen	
2 TL Olivenöl	
Pfeffer und Salz	in ein hohes Gefäß geben und lange (mindestens 2 Minuten) auf höchster Stufe glatt pürieren. In geschlossenem Behälter im Kühlschrank aufbewahren.

Grünes Pesto

70 g Lauch	putzen, in Ringe schneiden und in ein hohes Gefäß geben.
Blätter von 1 Topf Basilikum	
30 g Parmesan	
10 g Mandeln	
2 TL Olivenöl	
50 ml Wasser	
Salz und Pfeffer	dazugeben und lange (mindestens 2 Minuten) auf höchster Stufe glatt pürieren. In geschlossenem Behälter im Kühlschrank aufbewahren.

Rotes Pesto: Eine Portion (1/6): Kcal: 59 | Fett: 4g | Kohlenhydrate: 2g | Ballaststoffe: 1g | Eiweiß: 3g | BE: 0

Grün. Pesto: Eine Portion (1/6): Kcal: 49 | Fett: 4g | Kohlenhydrate: 1g | Ballaststoffe: 1g | Eiweiß: 3g | BE: 0

Hummus Light

1 Dose Kichererbsen (etwa 240 g Abtropfgewicht)	waschen, abtropfen und in ein hohes Gefäß geben.
50 ml Wasser *1 TL Olivenöl* *2 geschälte Knoblauchzehen* *½ TL Salz* *Pfeffer* *½ TL Kreuzkümmel*	dazugeben und alles zusammen glatt pürieren.

Bohnen-Paprika-Dip

1 Dose Kidneybohnen (etwa 250 g Abtropfgewicht)	waschen, gut abtropfen und in ein hohes Gefäß geben.
200 g gegrillte Paprika	*abgetropft, aus dem Glas*
1 geschälte Knoblauchzehe *½ TL Salz* *Pfeffer* *Chili nach Belieben*	dazugeben und glatt pürieren.
	Optional:
2 Zweige frischen Koriander	klein schneiden und untermischen.

Hummus: Eine Portion (1/4): Kcal: 80 | Fett: 3g | Kohlenhydrate: 9g | Ballaststoffe: 5g | Eiweiß: 4g | BE: 1

Bohnendip: Eine Portion (1/4): Kcal: 75 | Fett: 0g | Kohlenhydrate: 10g | Ballaststoffe: 4g | Eiweiß: 6g | BE: 0

Tomaten-Rosmarin-Creme

20 g getrocknete Tomaten	in eine kleine Schüssel geben und mit heißem Wasser bedecken.
10 Minuten ziehen lassen	(je nach Dicke evtl. auch länger), abgießen. Die Tomaten klein schneiden.
Etwas Schnittlauch	in kleine Ringe schneiden. Die Blätter von
2 Zweigen Rosmarin	klein schneiden und mit den Tomaten und dem Schnittlauch in eine kleine Schüssel geben.
200 g Frischkäse 0,2% Fett	dazugeben und cremig rühren. Mit
Pfeffer und Salz	würzen. In geschlossenem Behälter im Kühlschrank aufbewahren.

Speckcreme

50 g Magerspeck	
1 TL Pflanzenöl	in der Pfanne knusprig braten und vom Herd nehmen.
Etwa 10 Minuten	abkühlen lassen.
150 g Skyr	mit in die Pfanne geben. Mit
Pfeffer und Paprika	würzen und gut vermengen. In geschlossenem Behälter im Kühlschrank aufbewahren.

Tomatencr.: Eine Portion (1/6): Kcal: 26 | Fett: 0g | Kohlenhydrate: 2g | Ballaststoffe: 1g | Eiweiß: 4g | BE: 0

Speckcreme: Eine Portion (1/6): Kcal: 32 | Fett: 1g | Kohlenhydrate: 1g | Ballaststoffe: 0g | Eiweiß: 5g | BE: 0

Cremedip

200 g griech. Joghurt 2% Fett	
1 TL Olivenöl	
1 TL Senf	
1 TL Essig	
Süße für 10 g Zucker	
1 Pkg. Sahnefest	
½ TL Salz	und je eine Messerspitze
Paprika rosenscharf	
Kurkuma	
Koriander	
Piment	in eine kleine Schüssel geben und mit einem Pürierstab die Masse glatt pürieren. In einem verschlossenen Behälter im Kühlschrank aufbewahren. Vor dem ersten Verzehr sollte die Creme
mindestens 1 Stunde	kühlen.

Tipp:
Schmeckt super zu Ofengemüse, Burgern, Hot Dogs und Kartoffelspalten.

Eine Portion (1/4): Kcal: 55 | Fett: 3g | Kohlenhydrate: 5g | Ballaststoffe: 0g | Eiweiß: 3g | BE: 1

Vanillesoße

200 ml Milch 0,3% Fett
2 TL Speisestärke
Süße für 20 g Zucker
Vanille in einen kleinen Topf geben.

Mit einem Schneebesen glatt rühren. Unter Rühren aufkochen und etwa 1 Minute köcheln lassen.

Abgekühlt genießen.

Tipp:
Passt super zu Kuchen und Nachspeisen.

Schokosoße

80 ml Milch 0,3% Fett
20 g Backkakao
Süße für 20 g Zucker
Vanillemark oder Aroma in einen kleinen Topf geben.

Mit einem Schneebesen glatt rühren. Unter Rühren kurz aufkochen und vom Herd nehmen.

Abgekühlt genießen.

Tipp:
Ist lecker zu Kuchen und Eis.

Vanilles.: Eine Portion (1/4): Kcal: 25 | Fett: 0g | Kohlenhydrate: 4g | Ballaststoffe: 0g | Eiweiß: 2g | BE: 0

Schokos.: Eine Portion (1/4): Kcal: 25 | Fett: 1g | Kohlenhydrate: 2g | Ballaststoffe: 2g | Eiweiß: 2g | BE: 0

Naschen & Knabbern

Cremiges Eis

Für etwa
8 Kugeln

Süße für 70 g Zucker	
40 g Magermilchpulver	
1 TL Sonnenblumenöl	
½ TL (3g) Guarkernmehl	
Vanille	in ein hohes Gefäß geben und verrühren.
300 ml Milch 1,5% Fett	dazugeben und mit einem Handrührgerät 3 Minuten auf höchster Stufe rühren.
	Das Eis in ein tiefkühlgeeignetes Gefäß geben und
mindestens 4 Stunden	oder über Nacht bei
- 18° im Tiefkühlfach	einfrieren.
	Vor dem Verzehr
10 Minuten	bei offenem Deckel auftauen lassen.
	Für Schokoeis:
	Zum Gemisch
10 g Backkakao	dazugeben.
	Für Erdbeereis:
100 g TK-Erdbeeren	mit
Süße für 30 g Zucker	aufkochen und pürieren.
	Auskühlen lassen und zu der Milch des Grundrezepts - noch vor dem Rühren - geben.

Eine Portion (1/8): Kcal: 42 | Fett: 1g | Kohlenhydrate: 4g | Ballaststoffe: 0g | Eiweiß: 3g | BE: 0

Fruchttaler

100 g geriebenen Apfel
60 g zarte Haferflocken
Süße für 30 g Zucker
6 Tropfen Bittermandel-Aroma
gern auch andere Aromen

in eine kleine Schüssel geben und gut vermengen, bis sich der Teig zu einer Kugel formen lässt.

10 runde Oblaten (5 cm)
10 Oblaten

Die Teigmasse auf etwa verteilen und mit weiteren die Taler deckeln. Etwas andrücken und die überstehende Teigmasse entfernen.

Die Taler im Kühlschrank aufbewahren. Sie sind tolle Energiespender für zwischendurch.

Ein Stück (1/10): Kcal: 30 | Fett: 1g | Kohlenhydrate: 6g | Ballaststoffe: 1g | Eiweiß: 1g | BE: 0

Linsenchips

180 g rote Linsen	
1 Liter Wasser	
etwas Salz	in einem Topf weich kochen (etwa 20 -30 Minuten). Gut abseihen und abkühlen lassen.
Auf 170° Umluft	den Ofen vorheizen.
1 TL Salz	
1 TL Paprikapulver	
1 TL Curry	
etwas Knoblauchpulver	
etwas Pfeffer	zu den Linsen geben und gut vermengen.
2 Eiweiße	steif schlagen und den Linsen unterheben. Die Linsenmasse auf einem mit Backpapier ausgelegten Backblech ganz dünn und gleichmäßig verteilen. Auf der mittleren Schiene
10 Minuten	backen, das Blech herausholen. Erst in längliche Streifen und dann quer schneiden, so dass kleine Rechtecke entstehen. Das Blech in den Ofen schieben und weitere
25 Minuten	knusprig backen.
	Ausgekühlt genießen und bei Bedarf luftdicht aufbewahren. Bei der Aufbewahrung darauf achten, dass alle Chips trocken und knusprig sind, sonst werden sie alle im Behälter weich.

Eine Portion (1/4): Kcal: 153 | Fett: 1g | Kohlenhydrate: 22g | Ballaststoffe: 4g | Eiweiß: 13g | BE: 2

Meine Notizen

Register

Register

Güldane - Dana - Altekrüger, mit türkischen Wurzeln geboren 1975 in Hamburg, aufgewachsen in den Stadtteilen St. Pauli und Altona. Die verheiratete Veranstaltungskauffrau mit zwei Kindern beschloss 2018, ihre Backrezepte in den sozialen Medien unter dem Namen „Die Wölkchenbäckerei" zu posten. Auf Wunsch ihrer Follower machte sie im selben Jahr daraus das Buch „Abnehmen mit Brot & Kuchen". Die Erstauflage von 1.000 Stück war nach drei Tagen verkauft und ihr Leben und das ihrer Familie fortan auf den Kopf gestellt.

Auch dieses Buch hätte ich ohne die Hilfe einiger wunderbarer Menschen nicht hinbekommen!

Danke Markus, dass Du mich ohne Wenn und Aber von Anfang an unterstützt hast und so ein toller Papa (manchmal auch Mamaersatz) für unsere Kinder bist.
Danke Lale und Noyan, dass ihr so schön spielerisch mit dem Back- und Packchaos bei uns zu Hause umgeht.

Danke liebe Familie, dass Ihr uns in unserem Ausnahmezustand über Wochen beim Packen, Kochen und mit den Kindern geholfen habt. Ihr seid toll, ich liebe Euch!
Danke Dönay, dass Du immer wieder zu Hilfe kommst.

Danke Nils, dass Du die Wölkchenbäckerei mit Deiner tollen Art und Deinen Ideen bereicherst!

Danke Silvia, dass Du mit so viel Hingabe meine Rezepte nachgebacken und sogar mit den Fotos geholfen hast. Die Bilder auf den Seiten 91 und 113 sind von Silvia Heuschneider.

Danke liebe Nachbarn, dass Ihr tapfer die Ergebnisse aus meiner Experimentierküche vor dem Wegwerfen gerettet habt.

Und ein großes Dankeschön an die Facebook-Fan-Gruppe "Wölkchen-Fans"! Ihr habt Euch eigenständig gegründet und pflegt so einen tollen Umgang miteinander. Wie Ihr Euch gegenseitig inspiriert und weiterhelft ist beispiellos.

Nicht zuletzt ein riesen Dankeschön an alle, die mich von Anfang an begleiten, mich motivieren und inspirieren und meine Rezepte mit Freude nachbacken.

www.woelkchenbaeckerei.de
Instagram | Facebook | Youtube - Die Wölkchenbäckerei